신기한 스쿨버스

신기한 스쿨버스

❻ 공룡 시대로 가다

조애너 콜 글 · **브루스 디건** 그림 | 이강환 옮김 | 서울초등기초과학연구회 감수

비룡소

이 책을 준비하는 데에 도움을 준
미국 자연사박물관 척추동물 고생물학부 준큐레이터인
마크 노렐 박사님께 감사드립니다.

유익한 자문을 해 준 코네티컷주 뉴헤이번의 예일대 부속 피버디 자연사박물관 대중교육부 아르망 모건 씨,
예일대 부속 피버디 자연사박물관 고생물학부 큐레이터인 레오히키 박사님,
그리고 몬태나주 보즈먼의 로키 박물관 티라노사우루스 렉스 전문가인 데이브 바리치오 씨께 감사드립니다.

❻ 공룡 시대로 가다

1판 1쇄 펴냄—1999년 12월 6일, 1판 54쇄 펴냄—2018년 1월 18일
2판 1쇄 찍음—2018년 11월 15일, 2판 5쇄 펴냄—2021년 12월 30일

글쓴이 조애너 콜 **그린이** 브루스 디건 **옮긴이** 이강환 **감수** 서울초등기초과학연구회
펴낸이 박상희 **편집** 조은정 **디자인** 이현숙 **펴낸곳** ㈜비룡소
출판등록 1994. 3. 17.(제16-849호) **주소** 06027 서울시 강남구 도산대로1길 62 강남출판문화센터 4층
전화 영업 02)515-2000 팩스 02)515-2007 편집 02)3443-4318,9 **홈페이지** www.bir.co.kr
제품명 어린이용 각양장 도서 **제조자명** ㈜비룡소 **제조국명** 대한민국 **사용연령** 3세 이상

The Magic School Bus®: In the Time of the Dinosaurs by Joanna Cole and illustrated by Bruce Degen
Text Copyright ⓒ 1994 by Joanna Cole
Illustrations Copyright ⓒ 1994 by Bruce Degen
All rights reserved.
Korean Translation Copyright © 1999 by BIR Publishing Co., Ltd
Korean translation edition is published by arrangement with Scholastic Inc., 555 Broadway, New York, NY 10012, USA through KCC(Korea Copyright Center Inc.), Seoul.
Scholastic, THE MAGIC SCHOOL BUS®, 신기한 스쿨버스™ and/or logos are trademarks and registered trademarks of Scholastic, Inc.

이 책의 한국어판 저작권은 ㈜한국저작권센터(KCC)를 통해 Scholastic, Inc.와 독점 계약한 ㈜비룡소에 있습니다.
저작권법으로 한국 내에서 보호를 받는 저작물이므로 무단 전재와 무단 복제를 금합니다.

ISBN 978-89-491-5406-0 74400/ ISBN 978-89-491-5413-8(세트)

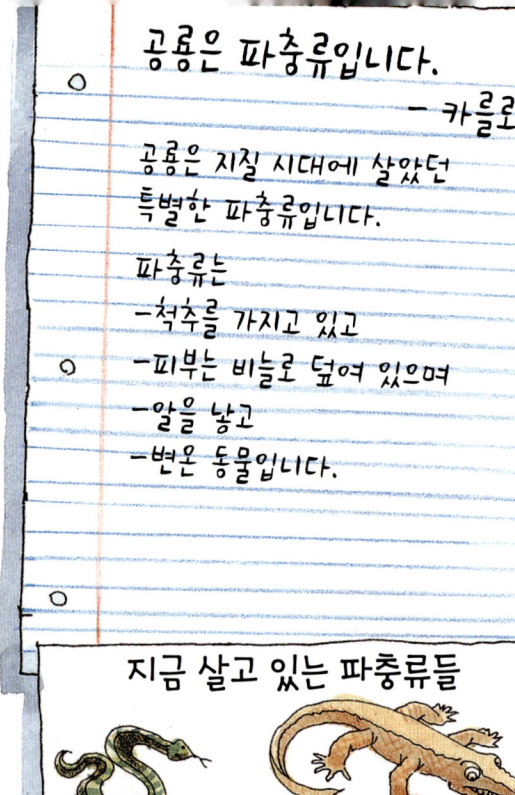

공룡은 파충류입니다.
— 카를로스

공룡은 지질 시대에 살았던 특별한 파충류입니다.

파충류는
- 척추를 가지고 있고
- 피부는 비늘로 덮여 있으며
- 알을 낳고
- 변온 동물입니다.

지금 살고 있는 파충류들

뱀
악어
거북
도마뱀

난 공룡의 후손이라고. 푸하하하

공룡은 이것이 달라요.

공룡 다리는 굽어 있지 않고 똑바릅니다. 그래서 빨리 걷거나 달릴 수 있습니다.

지금의 파충류들은 다리가 ㄱ자로 바깥쪽으로 뻗어 있고 주로 기어 다닙니다.

프리즐 선생님이 계속 말했죠.
"우리 반이 공룡 발굴 현장에 초대 받았어요. 당장 출발할 거예요."
존이 캠코더를 들고 나왔고, 나머지 아이들은 행운의 부적으로 공룡 모형을 가지고 나왔죠. 학교에서 가장 이상한 선생님과 떠날 때에는 행운이 꼭 필요할 테니까요.

우리 지금 출발하는 거 맞아?

선생님은 오늘이 참관 수업 날이란 걸 잊었나 봐.

하지만, 선생님은 한 번도 잊어버린 적이 없는데……

반 아이들을 모두 데리고 우리들이 발굴하고 있는 공룡의 뼈를 보러 오지 않을래?
— 제프가

프리즐 귀하
초등학교
미국

우리는 삐걱거리는 이 고물 스쿨버스를 다시 타게 될 줄은 꿈에도 몰랐어요. 아이들은 행운을 가져다주는 공룡을 꼭 움켜잡았죠. 모든 일이 다 잘되길 빌면서요.

내 행운의 공룡은 티라노사우루스 렉스야.

난 스테고사우루스야.

내 행운의 공룡은 과연 이 고물 버스가 제대로 움직일지 걱정된다는군.

변온 동물과 정온 동물
— 팀

변온 동물은 바깥 온도에 따라서 체온이 변합니다.

우리는 열을 태양에서 얻죠.

우리는 추울 때에 천천히 움직여요.

정온 동물은 늘 일정한 체온을 가지고 있습니다.

우리는 몸속에서 열을 직접 만들죠.

우리는 추울 때에도 빠르게 움직여요.

공룡은 이것이 달라요.
공룡들 가운데에는 정온 동물도 있었습니다. 지금의 파충류들은 모두 변온 동물입니다.

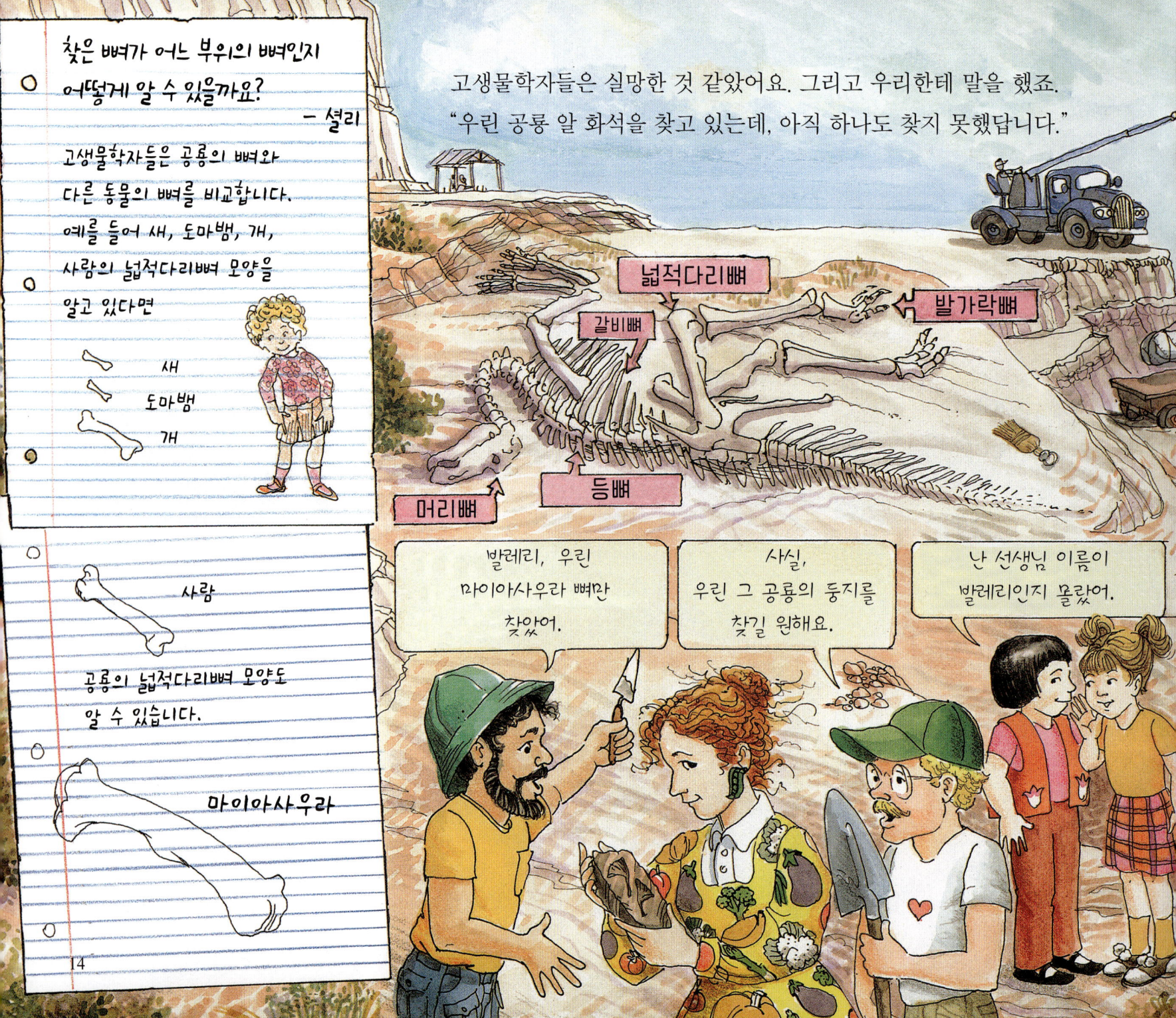

그때 우리는 프리즐 선생님의 눈빛이 반짝이는 걸 보았어요. 그러고는 선생님이 외쳤지요.
"여러분, 마이아사우라 둥지를 보고 싶나요?"
선생님은 서둘러서 우리를 버스에 타게 하고, 시동을 걸었어요.

얼마 안 가서, 프리즐 선생님이 버스를 세웠어요. 그러고는 계기판에 있는 다이얼을 돌렸죠. 그러자 버스 모양이 점점 변해 커다란 자명종 모양이 되었어요. 프리즐 선생님은 이게 신기한 스쿨 타임머신이라고 했어요.

그때 갑자기 큰 파충류가 물속에서 기어 나오더니 커다란 입을 쩍 벌렸어요. 프리즐 선생님이 저건 공룡이 아니라 피토사우루스라는 파충류라고 설명해 주었어요.
피토사우루스는 작은 공룡 한 마리를 덥석 물더니, 다시 물속으로 들어갔죠.
우리는 버스로 돌아가고 싶었어요. 그것도 지금 당장! 하지만 프리즐 선생님은 우리가 트라이아스기 식물에 대해서 더 공부해야 한다고 말했어요.

피토사우루스

육식 동물은 나쁜 동물일까요?
— 아널드

그렇지 않습니다.
육식 동물(포식 동물) 역시 자연의 한 부분입니다.
육식 동물이 먹이를 얻기 위해서는 사냥을 할 수밖에 없습니다.

과학 낱말 공부 하나 더
— 도로시 앤

포식 동물 :
다른 동물을 잡아먹는 동물
피식 동물 :
포식 동물에게 잡아먹히는 동물

난 포식 동물.

으악! 난 피식 동물.

침엽수

플라테오사우루스

갑자기 억수 같은 비가 내려서 우리는 허둥거렸어요. 하지만 공룡들은 아무 일도 없는 듯 계속 먹고 있었죠. 우리가 버스 안으로 달려 들어오자 프리즐 선생님이 말했어요.
"여러분, 시간 여행을 계속할 거예요!"

아널드, 열대 우림에서는 비가 자주 오고, 많이 온단다.

좀 전에 가르쳐 주면 얼마나 좋아!

제프 아저씨는 이 동영상을 분명히 좋아할 거야.

공룡과 함께 살았던 최초의 포유류
— 레이첼

후기 트라이아스기에 포유류가 최초로 나타났습니다. 그 포유류는 털로 덮인 쥐처럼 생겼습니다.

포유류란?
— 완다

포유류는 다음과 같은 특징을 가지고 있습니다.
- 등뼈가 있고
- 머리카락이나 털이 있으며
- 정온 동물이고
- 새끼를 낳으며
- 새끼에게 젖을 먹입니다.

버스가 막 출발하려고 할 때, 우리는 몸이 털로 덮인 작은 동물을 보았어요. 프리즐 선생님이 그 동물이 최초의 포유류라고 설명해 주었어요. 시계 바늘이 움직이자, 트라이아스기의 열대 우림은 붕 하고 사라졌답니다.

우리는 언제 마이아사우라 알을 보게 되죠?

마이아사우라는 지금으로부터 1억 6000만 년 후에 살았어요. 자, 그럼 찾으러 갈까요?

초기 포유류

갑자기 알로사우루스가 다친 스테고사우루스에게 다가갔어요!
스테고사우루스는 죽을 힘을 다해 뾰족한 꼬리를 휘둘렀죠.
하지만 꼬리가 알로사우루스를 살짝 스칠 뿐이었어요!
이제 어떻게 될까요? 우리는 모두 숨을 죽이고 있었답니다.

사냥하는 것은 어렵습니다.
— 알렉스
포식 동물도 위험할 때가 있습니다.
포식 동물도 피식 동물한테
상처를 입을 수도 있고,
죽을 수도 있습니다.
그래서 포식 동물은 약하거나,
다쳤거나, 어린 동물을 공격합니다.

이빨 가장자리는 톱니처럼 생겼습니다.

알로사우루스 이빨
(실제 크기)

티라노사우루스는 정말 무시무시했어요.
게다가 트로오돈 한 무리까지 나타났어요.
트로오돈은 작았지만 수가 아주 많았죠.
트로오돈은 버스를 둘러싸고 살피기 시작했어요.
우리는 잠깐 상황을 지켜보다가 뛰기 시작했죠.

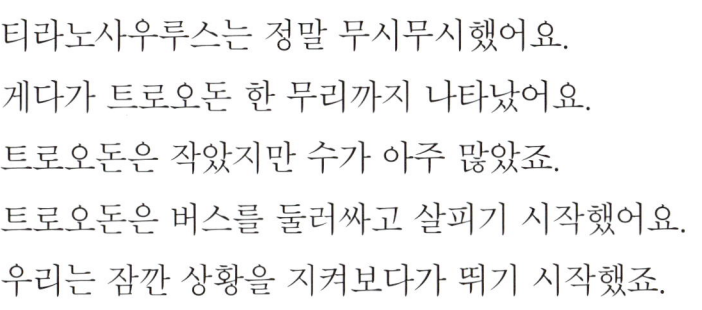

> 여러분, 트로오돈을 잘 관찰하세요. 특히 뒤쪽 발에 있는 날카로운 발톱을 잘 보세요.

> 프리즐 선생님, 저희들도 잘 관찰하고 싶지만……

> 지금은 빨리 여기를 피하지 않으면……

> 서둘러서……

> 지금……

> 그러니까 당장!

트로오돈

육식 공룡은 두 발로 걸어 다녔습니다.
— 피비

초식 공룡은 생김새가 서로 다릅니다.

하드로사우루스   스테고사우루스   아파토사우루스

하지만 육식 공룡은 생김새가 서로 비슷합니다.

코엘로피시스   알로사우루스   티라노사우루스 렉스

트로오돈 이빨
(실제 크기)

공룡은 이것이 달라요.
어떤 공룡들은 무리를 지어서 사냥을 합니다. 지금의 파충류들은 무리를 지어서 사냥하지 않습니다.

모든 일이 눈 깜짝할 사이에 일어났어요.
우리가 공룡들을 구할 방법은 없었죠.
이 공룡들은 나중에 화석이 될 거예요.

오, 이런!
내 마이아사우라
모형을
떨어뜨렸어!

빨리
뛰기나 해!

우리는 다시 버스로 돌아왔어요.
프리즐 선생님은 시간을 미래로 맞추고
버스를 운전했어요.
드디어 집으로 가는 줄 알았는데,
버스가 도중에 '끼익' 소리를 내면서
멈췄답니다.

스트루티오미무스

지금 우리가 와 있는 시대

현재

신생대
6500만 년 전

백악기
1억 4400만 년 전

쥐라기
2억 1300만 년 전

후기 트라이아스기
2억 2500만 년 전

프리즐 선생님이 말했어요.
"우리는 지금 백악기 맨 마지막 순간에 와 있어요."
그때 우리는 하늘에서 밝게 빛나는 물체를 보았어요.
프리즐 선생님이 계속 말했죠.
"밝은 빛을 내는 저 운석을 잘 보세요. 운석은 우주 공간에서 날아오는 엄청나게 큰 바위랍니다.
곧 지구에 부딪힐 거예요."

저 운석은 엄청난 폭발을 일으켜요.
그러면 검은 먼지가 하늘을 덮어
햇빛을 가리게 되죠.
그러면 식물이 자랄 수 없어요.
결국 많은 생물들이 멸종하게 된답니다.
물론 공룡도요.

프리즐 선생님, 저 운석과
부딪히기 전에 여길
떠날 수 있나요?

람베오사우루스

프리즐 선생님이 미래로 가는 단추를 누르자,
버스는 다시 출발했어요.

여러분, 우리는 집에서
겨우 6500만 년밖에
떨어져 있지 않아요.

가장 빠른
속도로 달리세요.
제발……

현재 지구의 모양

우리는 교실로 돌아왔어요.
그리고 우리가 여행했던 공룡 시대를 도표로 만들었죠.
도표를 다 만들자마자 참관 수업 손님들이 들어오기 시작했어요.
손님들은 우리가 준비한 모든 것에 감탄했답니다.

이런 공룡을 만나고 싶어요!

바나나사우루스 렉스

양말사우루스

냄비사우루스

프리제라톱스

"아널드, 공룡 탐험 정말 놀라웠지?"

"난 이 책의 모험이 더 좋아."

"역시 우리 아들이야."

공룡 시대에 살았던 식물과 비슷한 식물들

목련　양치식물　은행나무

신기한 과학 암기 카드

신난다! 과학 퀴즈

이 책의 카드를 오려 봐. 카드 뒷면에 신기한 과학 질문과 답이 섞여 있어.
각각의 질문에 알맞은 답을 짝지어 봐. 정답은 48쪽에 있어. **[교과 연계] 4-1 과학 2. 지층과 화석**

신기한 과학 암기 카드 게임을 해 보자!

❶ 캐릭터가 크게 그려진 쪽이 보이게 카드를 흩트려 놓고, 가위바위보를 한다.
❷ 이긴 사람이 'Q' 카드 중 한 장을 골라 질문을 크게 읽는다.
❸ 그런 다음, 'A' 카드도 한 장 골라 답을 크게 읽는다.

제프
특이점: 친구를 사귀는 취향이 특이함.

쥐라기, 백악기, 트라이아스기를 오래된 순서로 말해 봐요.
책을 열심히 읽었다면 이 정도는 어렵지 않겠죠?

신기한 스쿨버스 ❻

아널드
희망 사항: 정상적인 수업하기.
(그게 그렇게 어렵나요?)

브라키오사우루스, 디플로도쿠스.
근데 프리즐 선생님이라면 돌이 정말 소화에 도움이 되는지 알아보려고 돌도 먹어 볼 것 같아.

신기한 스쿨버스 ❻

발레리
고민거리: 내일은 어디로 갈까?

고기를 먹는 공룡의 이빨과 풀을 먹는 공룡의 이빨은 어떻게 다를까요?

신기한 스쿨버스 ❻

플로리네 엄마
하고 싶은 말: 여러분, 플로리도 예쁘게 봐 주세요.

금발, 곱슬머리, 안경…….
어디가 닮았다고 할 것 없이 그냥 붕어빵이네요!
아, 물론 플로리의 미모도 저를 쏙 빼닮았지요.

신기한 스쿨버스 ❻

아널드네 엄마
참관 수업 소감: 아널드가 학교에 적응을 잘해서 다행이에요.

저와 아널드는 어디가 닮았을까요?

신기한 스쿨버스 ❻

완다
수호 공룡: 마이아사우라(잃어버림).

백악기의 맨 마지막 시기!
네가 그렇게 늦게 살았던 바람에 우리가 너를 찾느라 얼마나 고생했는지 아니?

신기한 스쿨버스 ❻

❹ 그 답이 질문에 알맞은 답이면 'Q'와 'A' 카드를 모두 가져오고, 'Q' 카드를 다시 한 장 고른다.
❺ 틀린 답이면 'Q'와 'A' 카드를 모두 캐릭터가 크게 그려진 쪽이 보이게 내려놓는다.
❻ ②~⑤를 반복한다.
❼ 질문인 'Q' 카드와 그에 알맞은 답인 'A' 카드를 짝지어 3쌍의 카드를 먼저 가지는 쪽이 승리!

아파토사우루스

좋아하는 에피타이저: 돌

나처럼 돌을 먹는 용각류에는 어떤 공룡이 있을까?

신기한 스쿨버스 ❻

코엘로피시스

살았던 시기: 후기 트라이아스기.

에헴.
할아버지를 잡아먹는다고 하면 쓰나.
공룡은 알을 낳지.
새끼는 알에서 깨어나고 말야.

신기한 스쿨버스 ❻

마이아사우라

출연 소감: 오늘의 주인공은 나야 나.

내가 살았던 시대는 언제게?

신기한 스쿨버스 ❻

티라노사우루스 렉스

특징: 튼튼한 턱, 뾰족한 이빨, 날카로운 손톱.

고기를 먹는 공룡은 이빨 끝이 날카롭고, 풀을 먹는 공룡은 이빨 끝이 무디죠.
그리고 내 이빨은 톱니 모양이에요.

신기한 스쿨버스 ❻

알로사우루스

좋아하는 먹이: 다친 공룡, 어린 공룡.

쉬운 문제 하나 내지.
대신 못 맞추면 잡아먹는다!
공룡은 새끼를 어떻게 낳을까?

신기한 스쿨버스 ❻

스테고사우루스

자랑거리: 멋진 삼각형 모양 골판.

트라이아스기, 쥐라기, 백악기 순서지요.
그런데 전 쥐라기에 살았는데 미래인 백악기를 어떻게 알고 있는 거죠?

신기한 스쿨버스 ❻

글쓴이 **조애너 콜**
어린 시절 벌레, 곤충을 다룬 책들을 즐겨 읽는 과학 소녀였습니다. 초등학교 교사, 사서, 어린이 책 편집자로 일하다가,
어린이 문학과 과학 지식을 결합한 어린이 책을 쓰기로 결심했습니다. 첫 번째 책『바퀴벌레』를 시작으로 90권이 넘는 책을 펴냈고,
2020년 7월 세상을 떠났습니다. 그중 가장 널리 알려진「신기한 스쿨버스」시리즈로 워싱턴 포스트 논픽션 상,
데이비드 맥코드 문학상 등 많은 상을 받았습니다.

그린이 **브루스 디건**
미국 뉴욕 쿠퍼 유니언 대학과 프라트 대학에서 일러스트를 공부했습니다.「신기한 스쿨버스」시리즈를 비롯해
「프리즐 선생님의 신기한 역사 여행」시리즈,「토드 선장」시리즈 등 40권이 넘는 어린이 책에 그림을 그렸습니다.

옮긴이 **이강환**
서울대학교에서 천문학 박사 학위를 받은 뒤, 서대문자연사박물관에서
일했습니다.「신기한 스쿨버스」시리즈를 비롯한 여러 권의 과학책을 우리말로 옮겼고,
지은 책으로『우주의 끝을 찾아서』,『빅뱅의 메아리』등이 있습니다.

감수 **서울초등기초과학연구회**
서울시 교육청 관내 초등교사 100여 명이 모인 연구회로, 과학책을 편찬하고 교육 프로그램을 개발하여 현장에 적용하고 있습니다.
특히 한국연구재단과 함께 '금요일의 과학터치' 사업을 10년째 운영하며, 초등 과학 교육의 대중화에 앞장서고 있습니다.

전 세계 1억, 국내 1천만의 신화, 어린이 과학책의 베스트셀러

 시리즈

신기한 스쿨버스 키즈 (전 30권)
조애너 콜 글 · 브루스 디건 그림 | 이강환, 이현주 옮김 | 5세 이상
우리 아이의 첫 과학 그림책. 아이가 좋아하는 내용으로 **과학 호기심이 쑥쑥**.

과학탐험대 신기한 스쿨버스 (전 11권)
조애너 콜 외 글 · 브루스 디건 외 그림 | 이한음, 이강환, 김현명 옮김 | 6세 이상
혼자 읽기 좋은 과학 동화. 읽기 적당한 분량으로 **과학과 책 읽기에 자신감이 쑥쑥**.

신기한 스쿨버스 (전 13권)
조애너 콜 글 · 브루스 디건 그림 | 이강환, 이연수, 이한음 옮김 | 8세 이상
전 세계에서 사랑받는 과학책의 베스트셀러. 더 많은 정보로 **과학 이해력이 쑥쑥**.